JN440615

가을, 노래로 물들다

가을, 노래로 물들다
누에실문학회 제4기 창작문집

초판 인쇄 2018년 10월 15일
초판 발행 2018년 10월 18일

지은이 이범구 외
펴낸이 신현운
펴낸곳 연인M&B
기 획 여인화
디자인 이희정
마케팅 박한동
홍 보 정연순
등 록 2000년 3월 7일 제2-3037호
주 소 05052 서울특별시 광진구 자양로 56(자양동 680-25) 2층
전 화 (02)455-3987 팩스 (02)3437-5975
홈주소 www.yeoninmb.co.kr
이메일 yeonin7@hanmail.net

값 10,000원

ISBN 978-89-6253-371-2 03810

가을, 노래로 물들다

누에실문학회 제4기 창작문집

이범구 외

시란 정(情)을 뿌리로 하고, 말을 싹으로 하며,
소리를 꽃으로 하고, 의미를 열매로 한다

연인M&B

고운 향기 품은 꽃망울을 맺으며

4기 회장 이범구

높다란 가을 하늘의 양떼 같은 구름 아래로 소소한 바람결과 어울려 하늘하늘 춤추는 코스모스 사이로 펼쳐진 황금 들녘의 풍성함이 절로 미소 짓게 만드는 참 아름다운 계절입니다.

문학적 재능은 다소 부족하고 모자랐지만 열과 성의만은 누구보다도 다분했던 셋이서문학관 누에실문학회 4기 문우님들과 함께 소중한 인연으로 만나 문학의 문턱으로 저희들을 이끌어 주시고 '多讀, 多思, 多作'이라는 깊은 가르침을 주신 정인관 관장님 덕분에 새내기 글들을 모아 시집을 내게 되니 미흡한 면이 많아 부끄럽기도 하며 다른 한편으론 스스로 대견스러워 그저 만감이 교차될 뿐입니다.

셋이서문학관 누에실문학회 4기들이 문학에 눈을 떠 동인집을 발표하고 수료식을 하도록 아낌없이 지원해 주신 김미경 구청장님과 관계자 여러분에게 감사드리며 앞으로 더욱 갈고 닦아 깊고 내실 있는 문학작품을 쓰도록 정진하겠습니다.

미흡한 글이지만 많은 격려와 지도를 부탁드립니다.

대단히 감사합니다.

2018. 10. 18

셋이서문학관 북카페 창 너머 한옥마을 바라보며

셋이서문학관 누에실문학회

감성 속에 건강한 정신

지도강사 정인관

문화란 에로스에 봉사하는 과정에서 산발된 개인이나, 가족, 종족, 모든 민족을 하나로 통합할 수 있으면서 지구촌의 인류를 하나로 통일시킬 수 있는 것이라 봅니다. 우리 문화는 우리가 만들고 우리가 지켜야 합니다. 정신적인 문화를 지켜야 국가를 지킬 수 있습니다.

북한산 자락 진관사 뒷산에 물안개가 두루마리로 오르고 오를 때 동해에서 솟아오르는 아침 햇살은 물 초롱으로 영롱하게 피어나고 있습니다. 이럴 때마다 셋이서문학관 누에실 창작교실에서는 정신적인 문화를 창조하기 위하여 아름다운 고뇌와 감성에 젖어 웃음꽃을 피우는 구민들이 있습니다.

셋이서문학관에서 인문학으로 창작문을 쓰는 학습을 시작한 지 벌써 3년이 되어 갑니다. 이번에 4기가 졸업을 하게 됩니다. 한 기수에 20명을 선정하여 문학관 북까페에서 '나만의 문집 만들기'를 개인적으로 실시한 후, 습작하여 30여 편을 정리한 뒤 정규직을 마친 자로서 우수작 7편씩을 선정하여 동인 문집으로 제작하고 있습니다.

신바람나는 시화전을 비롯하여 각종 전시회, 발표회도 갖고 문학기행을 실시하여 작가들의 뒤안길을 살펴보기도 합니다. 창작에 몰두하다 보면 정신적으로 마음이 밝아지고 생활의 활력소가 되면서 잡념이 없어지며, 미래의 보람찬 희망이 보입니다.

솔향기 그윽하고 한옥마을의 위풍을 느끼면서 옛 성인들을 만나고, 기인 세 분(천상병, 이외수, 중광)을 만나 볼 수 있는 여러분들의 '쉼터' 셋이서문학관에 오서서 한숨을 녹이고 인사유명(人死留名)하시기 바랍니다. 감사합니다.

2018. 10. 18

| 차례 |

길 위에 서다

곽기선

영글어 가는 가을빛

바람 구름 그리고 산

유희숙

여울목 쉼터

이수현

오늘도 난, 비상을 꿈꾼다

최애진

내가 나를 만나다

아무리 바람이 불어도

지도교수 초대시

물레 정인관 시인

chung4311@daum.net

시란 정(情)을 뿌리로 하고, 말을 싹으로 하며,

소리를 꽃으로 하고, 의미를 열매로 한다

각시가 무동을 타고

—각시탈

성황님의 현신으로 나타나
동네 어귀에 놀이꾼들 모여 놓고
각시탈 무동 태워 시집살이 한(恨)을 풀어 보네
말 못하고 속으로 삭이는 그 모습
덜렁거리는 머리채는
성황신께 공물을 바치는 형상이고
덕과 복을 받으려는 신성한 기원이니
천근만근 입 다물고
수줍은 듯 내려뜬 요염한 눈빛
시어미 목청 소리 듣지 말라
삼단 머리 꼬고 꼬아서 틀어막고
마을의 덕과 복 기원하고
가정에 속내평으로 풍농을 즐기누나.

순박한 언청이 춤

—이매탈

사악한 잡귀를 탈판으로 씻어 내고
호랑이 머리 용트림으로 한마당 놀고 나면
암수 주지춤은 꿩머리에 사자춤이라
다 늙어 턱은 없고 합죽이가 되어
바보 같지만 너무나도 순박한
언청이 모습에 실눈을 뜨고
침을 질질 흘리면서 수수하게 웃어 대는
액풀이 마당에 이매탈은 절로 흥이 난다.

허풍과 여유로움의 싸움
—양반과 선비탈

허풍과 여유로움에 두 얼굴의 탈바가지
냉수 마시고 이빨 쑤시는 허풍
고개 숙이면 합죽이 여유로움
고개를 들면 헤픈 웃음에 푼수 놀이
기녀를 서로 탐내다가
서로가 기세를 부리는데
학식과 신분 싸움이라
백정으로부터 우랑을 사 먹고
기녀에게 힘을 뽐내는 합죽이와 푼수
마누라한테 들켜서 코가 빨갛도록
밀고 당기면서 춤으로 한 마당 어울려 본다.

좋은 날 혼자 웃는 날

강향순

TanTanhan81@naver.com

또 다른 시작으로
감성을 꽃피우고
그냥 지금 이 순간에

가덕도

수평선 끝없이 펼쳐진 바다 위 한 줄
붉은 태양은 노을로 지고
허상의 날개를 달고 날아 본다

못 가 본 곳의 동경을
생각 그림으로 채우고
먹이를 찾아 떠돌던 갈매기
둥지를 찾아 날아가고

은빛 출렁이는
바다 위 낚시 배 한 척
추억을 낚시질하듯
배회한다
돌아올 줄 모르는 소식은
파도를 타고 갈 곳 찾아
물 위를 떠돌고
저물어 가는 밤하늘
청아한 조각 달 빛나고
휘황찬란한 거가교 불빛
은하수로
바다에 흐른다.

장독대

맨드라미 꽃 속에
어릴 적 친정집 장독대가 숨었다

여름이면 탐스런 꽃송이가 피어나
어머니는 연분홍색 예쁜 꽃물로
물김치를 담그셨다

바위처럼 우람한 항아리는
동생 숨바꼭질 놀이터가 되어 주고
이웃 오빠들이 장독대에 잠식해 둔
팥죽 서리를 하다가
어머니 고운 목소리 거기 누군고

오늘따라 맨드라미 곱게 피던
친정집 장독대가 그리움 속에
영상으로 떠오른다
장독대 그리면서 둥둥 떠가는
달빛에 젖어 본다.

그대 그리워

봄꽃들이 눈이 시리도록
곱게 피던 그날
마른 꽃 되어 소소리바람 타고
훌쩍 떠나 버린 그대

하루도 없으면 못살 것 같아
강산이 두 번도 더 변한 세월이 흐르고

하늘이 무너져 버리고 없는
허허로운 벌판에 서서
그대가 못 견디게 그리워
그리움 가득한 날은
눈물에 젖은 손수건에
미소 띤 얼굴로 다가와
가슴에 파도가 일고

좋은 날 혼자 웃을 때가
혼자 울 때보다
그대가 더 보고 싶고 그립습니다
차라리 못 오실 길이라면
그대 그리워할 마음도 가져가시지
가슴 저미도록 아프고 그리운 날
그대 곁으로 찾아가리다.

망초꽃

닮았다
어머니가 부쳐 주신
계란 프라이를 닮았다

허기진 추억이 소리를 내고
발걸음은 집으로 향한다

밥 상 위에는 어머니의
환한 미소와 꽃술 노랗고
흰 꽃잎 어여쁜 동그란
계란꽃이 피었다

프라이를 맛있게 부쳐 주셨던
어머니는 떠나시고
장성한 여식이 또 다른 어머니로
계란으로 정성 가득 망초꽃을 피운다.

산사 가는 길

법향 따라 마음 따라
부처님 법 만나러 가는 길
청솔모 한 마리 나뭇가지에
앉아 그네를 타고
소쩍새 짝을 찾아 구슬피 운다

허리 구부려진 솔배꼽
인사로 맞이하고
멀리 암자에서 들려오는
목탁 소리에
구슬땀 훔치며 올려본 산능선에
와불상 장엄하고 신령스러워
두 손 모아 합장한다

바위틈에 핀 예쁜 보랏빛
제비꽃 잠시 쉬어 가라 손짓하고
산사 가는 길에 만난 길벗들
내 안에 나를 보라고 일러 주네.

은행 털던 날

금빛 찬란하게 너울거리는 가로수길
노란 카펫 위에 가을을 털다
바람이 소근대는 오후
바구니에 황금빛 방울을 줍는다
길섶에 핀 코스모스도 함께 담는다

화가는 방울보다
들녘 풍경 나무 잎새를 더 담고
시인은 하늘 구름 바람 소리를
빛바랜 천연염색 바지 주머니에
가득 채워 일어선다

둘은 마주보며 깔깔거리며 웃는다
논두렁에 허수아비 새들과 노락질하다
놀란 눈으로 쳐다본다
까마귀도 까악거리며 날아가고
어느덧 산 그림자가 마을에 내려와 앉는다
집으로 돌아오는 길 그림자도 같이 왔다

화가는 이젤을 챙기고
시인은 하늘 구름은 천정에 매달고
소리는 양푼에 부어 낡은 나무탁자 위에 놓고
생각에 잠기다 펜을 들어 써내려 간다
은행 털던 오늘은 내일보다 젊은 날이었다고.

장마

산과 담이 붙어 있는 시골집
장마가 오는 여름 시름에 젖는다

비는 오는데 택배 아저씨 박스를 놓고 간다
제습기다
아들 얼굴도 그려 있다
반갑고 고맙다

눅눅하고 쾨쾨한 냄새가 나던
뒷방도 뽀송뽀송 향기가 난다
쏟아지는 빗방울은 구슬이 되어
보리수 잎새에 떨어지고

온 집안은 효심으로 반짝반짝 빛이 난다
하염없이 내리는 이 비 그치면
해님 얼굴로 아들이 올려나.

길 위에 서다

곽기선

nada346@naver.com

봄꽃 같은 화려함은 아니어도 소소한 빛깔이

제법 깊어 마음 한편에 담아 두었습니다

그림자로 남아 있는 기억

새까맣게 시린 밤하늘
집마당까지 흘러들던 희뿌연 은하수
그 위에 배를 띄워
빛바랜 시간여행의 시작

미루나무 은빛으로
마을 어귀 신작로를 질주하던
힘찬 두 바퀴 자전거
단발머리 아이는 떨어질세라
아버지의 커다란 등 뒤에서 옷자락을 꼭 쥔다

풀벌레 소리 무르익은 한가위
차례상 물리고 찾은 산소
생전 좋아하시던 소주 한 잔 부어 드렸다

자꾸만 어긋나는
자갈길 같은 생의 뒤안길
볼 빨갛던 단발머리 그 아이는
고단했던 아버지의 젊은 날을 그려 본다

아버지의 커다란 등 뒤
그때가 몹시도 그리워
빛바랜 기억 속 여행을 떠납니다.

물 젖은 장독대

대지를 태울 듯 한여름의 붉은 태양
지친 기색도 없이 한빛을 덤덤히 내뿜는 가지런한 장독들
양재기 행줏물이 검어지도록 닦아 내셨지요
아, 어머니

그 여름 구석진 곳 웅크리고 앉아서 칭얼대던 그 아이
먼 곳 들러 구불진 시간의 들녘을 돌아서
이제 그 자리에 서 있습니다

우물가 백일홍의 붉은 주홍빛은 달빛에 처연하게
어슴푸레 눈물방울 하나 밀어냅니다
안방 너머 삐거덕 문소리에 묻힌 바튼 기침 소리
그 중년 아이는 아린 가슴을 쓸어내립니다

시간의 강을 거슬러 당신의 청초했던 젊은 날
노란 가방을 둘러멘 아이는 깡총이며 엄마와 걷고 있네요.

바람언덕 하얀 제비꽃

지나던 바람에게 들었다지요

당신 가신 그곳
어찌 그리도 선하고 평온한지
새벽이슬 머금은
푸른 들녘 시냇물로 흐르고

수줍어 어깨춤 한 번 내어 주지 않던 당신
구름으로 빚은 꽃신 신고
아이처럼 해맑은 미소로
흐드러진 춤사위에
향그러운 복사꽃잎도
나풀나풀 장단을 맞추었다지요

지나가는 바람에게 전해 줄 게요

지리한 여름을 뒤로하고
오곡이 노랗게 영글어 가는 날
따사로운 가을 닮은 사과 한 알
배시시 한 입 베어 물고
당신과 어깨춤을 추렵니다

선한 당신
날 보러 와 주겠지요?
스치는 바람으로 내 뺨을 어루만져 주세요
내가 그댈
잠시 쉬어 가는 그 흔한 바람이라 여겨도
제발 슬퍼 말아요

지나던 바람이 전해 주네요

너무도 선하고 평온한 그곳
바람언덕 하얀 제비꽃
그리움으로 피었더라고.

비상

이소를 작정한 어미 새
분주한 새벽을 뜬눈으로 맞이한다
행여나
눈 큰 괭이에게 들킬세라
마음은 천길만길 낭떠러지로 내달린다
달콤하고 보드라운 어미 새의 가슴
따뜻한 생명을 골고루 토해 주었고
사랑 한 모금 희생으로 돋아난 아기 새의 깃털
제법 어미 새를 닮아 있다
이제껏 전부였던 둥지를 박차고
크고 험난한 세상으로 떠날 채비를 마친다
자, 이제 비상이다
창공엔 아기 새의 호기심이 파르르하다
다신 돌이키지 못할 이순간
어미 새는 연민을 한 광주리 등짐 지워 보낸다
처음 딛는 날갯짓은
예리한 칼날 같은 아픔이었다
언젠가는
제 어미와 닮은 가슴으로
어린 새끼의 비상을 준비할 테지.

오월, 아카시꽃

오월이 오면
살랑이는 꽃바람에
꽃무등 타고 온 산을 내달렸다

아카시꽃 한 움큼
혀끝은 환해지고
향기에 취한 코끝에선
오랫동안 꽃송이가 피어났다

아버지의 분주한 귀갓길 발자국
부엌에선 된장국이 보글보글

저녁노을 마루에 앉아
이야기꽃을 피웠다

마당 깊숙이 내려앉은 까만 밤공기
담벼락엔 별들이 숨박꼭질 놀이로 시끄럽고
동네 꼬맹이들은 맨날 술래다

새침한 달빛은
그 밤의 그윽한 아키시꽃 향기가
그리 좋아 속삭였다.

가을 잔상

달개비야, 꼭다문 파란 입술
새초롬 이슬로 머리 빗고
잔잔한 속 얘기 한번 풀어 보렴

한바탕 너털웃음
지난여름 당당하던 단풍나무
목덜미가 제법 붉다

하늘빛에 절로 취해
살랑이는 코스모스
와글와글 수다가 바쁘고

느릿느릿 하품 가득한 여치
한 뼘 기지개를 켠다

뱅그르르 호기심쟁이 고추잠자리
풍성한 들녘 넘어
가을을 실어 나르고

하늬바람아
길 가던 나그네
제 몸 실어 주거니 받거니
바람난 구절초는
살짝쿵 밀월여행을 꿈꾼단다.

누에의 단잠

굼뜬 듯 두툼한 제 몸뚱이
뽕잎 위에 얹어 놓고
하세월 갉아 먹는
옹색한 몸짓

구걸하진 않았으나
왈칵 쏟아지는 연민

말갛게 차오른 속살
시린 공허함이 넘나든다

가끔
개울을 건너
언덕 너머 그렇게 먼 곳 밤하늘
아련히 스러지는
별똥별 닮은 한숨만 내쉴 뿐

니 안에 니를 가두는
일곱 밤 정갈한 의식

허허…
내 안에 나를 가둔
닮은 고독이 존재한다.

영글어 가는 가을빛

노갑용
gynoh7873@nate.com

골짜기를 흐르는 물처럼
순수한 삶이련다

홍옥

반질반질 불그레
그 볼에 햇살 내리고
우크렐레 연주가 메아리친다
새콤달콤
잊혀져 가는 추억
부둥켜안고 걷는 바닷길
옷깃에 닿은 홍옥 향기가
옛 정을 모은다
소쿠리 속에서
소풍길에서
정담긴 노랫소리
어머니의 손박자가 퍼진다
맛 담아 향기 담아 노닐던 동네
아기자기한 마음
손가락 사이마다 윤기가 흐른다.

세월

세월을 읽는 개울 소리
저 산은 새 옷 입고 살풀이 하나
몰래 졸여 온 가슴
묵묵히 지켜 온 자리
살며시 되돌아보면
비바람의 몸부림
뜨거운 햇살의 저항
은하수의 세상 노래들
저 하늘에 펼쳐
저 바다가 포옹하면
그 이름 따라
희로애락의 인생선
기다림의 가던 길을 가는구나.

가을

높푸른 하늘
잔잔한 연못을 채우고
물고기들 날개를 펼친다
풀잎새는 작별을 아쉬워하고
굴뚝에서 내뿜는 하얀 연기
향수를 부른다
가랑비에 젖은 노란 물결
지친 몸을 일렁이고
오곡백과가 영글어 가는 향기
산들바람에 실려 오는구나
결실을 목전에 둔 채
그냥 떠나라 하는구나
조각달에 작별의 돛을 올리고
가을은 그렇게 그렇게
영글어 가는구나.

뜰

산 여울에 물안개 너울로 다가올 때
해묵어 미세먼지는 날아가고
세월이 녹아 가는 시간마다
넋두리도 푸념도
함께 장단을 맞추어
덩그러니 떠오르는 햇살에
매몰된 긴 숨
설레임과 아쉬움을 나누는
두물머리
세상사 끌어안을 듯
빙빙 둘러싸인 뜨락
삶의 흙허물이 넘나들던 고개
보아 온 만큼 담을 수 있어
살며시 내려놓는 옛사랑의 뜰
정갈한 마당으로 여윈
해맑은 자리.

파도

푸른 솔잎 사이로 일렁이는 파도
반짝이는 은장단에
갈매기 노랫소리
머뭇거리는 나그네의 발걸음
상념의 밤이 깊어만 간다
파도여 애태우지 말아다오
물보라만은 상처내지 말아다오
얼레를 당기는 연
온 천지를 날아라
저 산 저 강 기슭에 꽃이 피면
파도 넘어 빙그레
고개 돌리는가.

낙엽

샤그락 샤그락
하늬바람에 떨어지는 나뭇잎
머문 자리 지키려 묻은 때 벗기고
샤그락 샤그락
야속함이 몰려오는 한세월
무슨 말을 해야 좋을까
밀던 바람이 되돌아 불어오면
밀리던 나뭇잎
같이 따라온다네

짧은 시간 속에서
많은 것들이 변하는 지금
고독과 낭만이 가슴에 흐르고
파릇파릇 새싹들
틈새로 피어난다.

고추잠자리

사르르 사르르
사뿐사뿐 날갯짓
꽃단장한 치맛자락을
찰랑거리고
잎새 바람 저 산 바람에
발을 적신다
내일 일을 잊은 채 상고춤을 추고
보내야 하는 아쉬움
새맞이할 그날을
저 하늘 향해 춤을 추노라
가을 향기 누리며 이대로 가 버리면
피고지고 돌고 도는 세상
이내 몸도 고추잠자리 되어
날아가리.

책갈피 속 단풍잎

박경희

pkhshine@daum.net

멈추어 있어도 흐르지
슬픔 있어도 웃을 수 있지
그래,
그런 거야

아름다운 봄날에

꽁꽁 언 땅 녹이고
얼굴 내민 생명의 풀꽃들
간질간질 속삭임 다정스러워
고마워라

죽은 듯 마른 가지
어느새 싱그런 연둣빛 물오름
살랑살랑 춤추는 환희의 몸짓
고마워라

건조한 대지 적셔 주는
촉촉한 단비에 반짝반짝 봄날

비 개인 하늘에 몽실몽실 구름
아가의 우윳빛 살갗같이
막 씻기운 듯 말간 하늘빛
고마워라

바람결에 닿는 라일락 향기
깔깔대며 웃는 꽃들의 잔치에
진분홍 철쭉꽃 입에 물고
꽃물 배인 미소로 마주보는 소녀들

고마워라
아름다운 봄날이 준 잔잔한 평화.

십자수

아들의 생일날
가슴팍에 숨기듯이 안고 온 쿠션
고운 숨소리, 부드러운 손놀림
초록빛 사랑의 꿈이 고이 박힌
꽃을 한아름 바치는 연인의 그림
순수의 열정을 깊은 밤 끌어안고
아들은 다디단 잠을 잤다

언젠가
조금씩 흔들리는 지하철 안에서

사과꽃 향기 얼핏 스치던 아가씨
소망을 기쁨으로 수놓고 있었다
누군가에게로 향하는 축복의 사랑 냄새
여린 풋내가 향기로운 시절
한뜸 한뜸에 터질 듯 자라나는 마음

때론
날카로운 바늘에 찔린다 해도
이슬 같은 투명한 눈물 흘린다 해도
기억해다오
십자수처럼 촘촘히 박힌 보석같이 빛나던 순간
조각조각 기도로 이어지던 설레던 기다림을
완성으로 함께 웃던 아찔한 행복의 시간을
그 아름다운 시절을….

그 여름 산사에서

여름 끝 마른장마 뒤에
폭우가 쏟아져서
산사 옆 계곡에 물소리
한껏 시원한데

여울물 흐르다가
옥색빛으로 깊게 고이고
모래 자갈들 갈길 바쁜 듯
물소리 더 요란하구나

물소리에
내 마음이 씻겨지는 듯
이 세상 온 시름도
다 씻어 버리려

맑은 계곡물이 흘러흘러
강물에 마음 담그고
강물이 흘러가면
넓은 바다에 온몸 씻어내리

사람들 소원 쌓은 작은 돌탑은
폭우에도 그대로인데
슬픈 사연 간직한 연분홍 상사화
곱게 피웠다 지고

모두가 제 짐 무게 견디며
하늘 올려다보며 사는데
산사 담장에 기댄 배롱나무꽃
하늘 떠받치며 환하구나.

가을산 연가

잔잔한 호수
파란 물빛에 비친 가을산
고운 단풍 물들어 흔들리네
계절 따라 깊어진 산골
그 골마다
알록달록 수놓았네

손닿을 수 없는
아득한 소망으로
오르고 오르다가
깎아진 절벽 산에
맑고 투명한 선혈
붉은 꽃으로 피었네

아름다워라
마지막 불꽃같은 향연
야호!
폭죽처럼 터지는 함성에
야호!
돌아오는 메아리

돌돌돌
찬 개울물 소리에

머리 감고
마음 씻어
잔잔한 마음
빨간 단풍잎 하나 우표로 붙여
물길에 띄워 보내네.

마현골 강물

겨울 강물 위에 섰네
꽁꽁 언 강물
가운데 가만히 섰네

흐름이 멈춘 듯
눈 쌓인 하얀 벌판
새로운 대지에 발 내딛 듯
조심스런 발자국에
남은 슬픔마저 토해 내듯
큰 소리로 울음 우는
언 강 녹으며 깨지는 소리

찰칵, 셔터 소리에
수묵화 한 폭에 겹쳐 채색되는
황홀한 노을빛 배경으로
그리움의 여운 담고
너와 나의 미소 담고
언 강물 위에 섰네

멈추어 있어도 흐르지
슬픔 있어도 웃을 수 있지
그래, 그런 거야
아름다움이야.

수국

할머니 만드신 화단에 핀
청보랏빛 수국
작은 꽃들이 모여 한 다발
파랗게 빛나는 아름다운
둥근 지구별 되었네

파릇한 풀향기 맡으며
하얀 구름에 두둥실
파란 하늘 바라보다
어느새 분홍 저녁노을
수많은 별들 반짝이네

귀여워라 작은 꽃
함박웃음 우리 아가 얼굴
풍요로운 꽃 한 송이에
보고픈 할머니 모습 떠오르네

유난히 무더운 올여름
뜨거움에 꽃잎도 타들어간 듯
폭염에 산불, 해빙, 물고기 떼죽음
소식 들리고

파란 지구별 영원하라
수국 꽃 한 송이
작은 기도가 되었네.

드라이플라워, 그 노래

벽 한 귀퉁이
거꾸로 매달린 채 말라가는 꽃
황홀한 어느 순간의
빛과 향기는 사라지고
화려한 레이스의 꽃다발은
색 바래 검은 리본의 애도로 묶였다

행복했기에
소중했기에
오래도록 간직하고 싶은 소망
이별은 짧아야 한다는 거스르고 싶었던 말에
무릎을 꿇고 만다

더 오래 말릴수록
미립의 가루로 날아가고 말
바스라질 꽃잎인 것을
한 줌의 재로도 남지 못할
여윌대로 여윈 기억의 잔재
또 하나의 상흔인 것을

빈방을 채워 준 마른 꽃
아득한 유효기간을 마치게 하리

'기차는 8시에 떠나네'
언젠가 예감했던 그 노래를
홀연히 다시 듣는 지금
기차를 태우리.

첫새벽, 이슬처럼

박시연
organ0712@naver.com

밤이 깊을수록 별은 밝게 빛나
무디어진 영혼 깨운 새벽 종소리에
눈뜨는 아침

가을의 길목

내려놓은 욕심은
저 하늘 별이 되고
담아 둔 끓어오른 욕망은
용광로
대지로 열기 분출하던 여름은
화산처럼 뜨거웠다

오늘 가면 내일이 있어
여름 가면 가을이 오는 거야
손가락 꼽으며 헤이는 나날
잦아지는 열기 식어 가는 마음

희망 매달아 달려간 마음
창공 휘젓고
높이 앉은 가을은
바람과 구름 사이 널뛰기를 한다

맺힌 땀 훔치자 스며든 바람
작별 인사도 없이
가을로 여민 앞섶에
물들기 시작한 곱디고운 단풍
품속 안기어 온다.

장독대

순수의 빛
따스한 온기 그림처럼 스미는
양지 바른 그 자리
자유 없이 묶인 몸이어도
생명의 싹 틔고 꽃피우신
먼 옛날
우리네 어머니의 손길 닮은

미풍에 노래하고
햇살 손짓에 춤추며
옹기마다 심중 담아
삭히고 삭힌 세월
하늘 땅 아름 품어
맛 장으로 풀어낸 긴 여장
가만 귀기울이니
차안 너머 피안 여기였네

내일 향한 오늘 쉼 없이
피고 지는 계절 한편
문 밖 서성이며 반기시던
엄마의 모습
한시름에 그리움 더하여
장독대에 얹어 놓으면
눈물이 난다.

숲속 옹달샘

미풍에 풍광 좇아
사뿐사뿐 발 닿은 곳
살랑 불던 솔바람도
잠시 꿈나라

포롱포롱 포로롱
이름 모를 아기 새
풀숲 가방 맨 어린 달팽이
앗 뜨거 몸 숨겼나
적막 흐른 고요 산

무딘 감성
살며시 곁눈을 뜨고
수풀 헤집어
다람쥐 길 트이면

태양 비켜 간
너나들이 소풍 길
바람도 머물며 쉬어 간 듯
숲속 작은 옹달샘
홀로 외로울까
소담스레 함께 앉은
너도바람꽃.

오란비*

추적추적 흐린 날의 기억
댓돌 위 나막신 젖을까
툇마루 올리며 바라본 하늘

저녁밥 못 먹은 시어머니 얼굴처럼
연거푸 날 궂은 얼굴에 쏟아내는 빗물
얼르고 달래면 괜찮아질까
우산을 펼쳐 들고 쓰담쓰담
이 마음 그곳에 닿았겠지
혼자 믿어 본다

밭고랑 논고랑 들마다 찬 물
막힌 물꼬 트며 온몸으로 막아서다
물먹은 솜뭉치 된 농부
한숨 소리 땅 꺼질라
삶의 애환 숭고하고 애처롭다

어찌 알았을까
비구름 뚫고 내비친 햇살
화해 청해 오면
변덕스런 개구쟁이 모습이어도
이 땅 운명 공동체
오란비!
가슴으로 안아야 하는 필연이더라.

* 오란비: 장마의 옛말.

병상에서

가을이 성큼
좁은 가슴속으로 들어와
마음은 벌써
산으로 강으로 들로
내몰리고 있다

작은 것 가벼이 여겨
큰 곤욕 치르며
두 발로 걸을 수 있는 행복
알게 하는 시간

현대 의학과 자연적 치유
공존할 때
정확한 치료할 수 있다는 경험
한쪽으로만 쏠린 부정적 선입견
바로잡는다

균형 있는 사고의 중요성
알고 있는 지식과 견해
그 속에 갇히지 말자

아직
가을은 여유를 두고 있다
오늘 가을은 다시 오지 않고
오늘의 나의 일상도 내일을 위한
오늘 아니기를

장담 없는 인생 여정
시작과 끝도 오늘 완성
오늘의 최선은
지금 먼먼 길 떠나도
보랏빛 행복한 생.

첫새벽, 이슬처럼

빛과 어둠 술래잡기
간절한 기다림의 눈동자
칠흑 같은 어둠 뚫고
미지 향한 출발선에 서면

캄캄한 하늘 가득
고운 수놓아 희망의 불 밝히든
별빛
머문 곳 내어 스러진 자리에
긴 동면 끝낸 생명
첫 이슬처럼

물기 없어 마르고 갈라진 땅
틈 비집어 뿌리내린 생명
앉은 자리 떨치지 못한
연약한 풀꽃이어도

터 닦아 씨 뿌린 노동의 기쁨
호롱불 보듬은 두 손
시린 가슴 데우며
햇귀 맞을 채비를 한다

어젠 아득히 먼 바다
버려도 될 움켜쥔 기억
만선 꿈 접어 심연에 묻고

무딘 영혼 깨우던 별빛
이슬 되어 내린 첫새벽
먼 길 달려온 새벽 종소리에
눈뜨는 아침.

소유한 무소유

언제부턴가
버리는 무소유에 감전된 오만함
내려놓기를 성인처럼 떠들며
마음 안 욕심은 겹겹이 쌓여
두꺼워진 양심 부끄러움도 잊는다

무책임한 일상 깨닫기까지
고통은 희망으로 자라고
순간의 순간은 진행형으로 가고 있어

삭히고 삭혀 순화된 사랑의 언어
진흙 속 연꽃으로 다소곳 피어나면
이보다 더 좋을 순 없어

오염 안 된 세상은 순백의 어린이
소유한 무소유를 입은 누더기 벗어
새 옷 갈아입어야 하는 나
그래서 마음이 바쁘다.

바람 구름 그리고 산

유희숙

yhs.428@daum.net

커튼 한 자락 젖히면
하늘이 보이고
창문을 열면
바람이 머문다

문학관 처음 가던 날

솔향기 드리운 삼각산 자락에
추녀 끝 흰 구름에 잠기어
내 마음 깨어나게 하는 곳

가슴이 콩닥콩닥
식은땀이 주르르
도대체 얼마 만에 대해 보는 詩作인가

사춘기 시절 순수한 이슬방울 영롱함에 젖어
누구나 한번쯤은
시인이 되고픈 소소한 마음은 있었겠지

소녀 시절 아카시아 향기 되어
시인처럼 뭔가 쓰고 싶은 때
분홍 노랑 파랑 하양 싸인지에

달콤함과 애잔함을 그리며
그 누구에게 편지를 쓰고 싶은 그 시간들
그때가 그리운 시절 되어 버렸네

다시 詩作을 해 보는 지금
인생을 다 알았노라 말할 수 없지만
무엇을 어찌 쓸지 어리둥절하며
문학에 한발 한발 어색하게 내딛는다

가슴속 그리움과 추억이
쌓여 있던 지난 삶 속에
하 많은 글들이
온전히 나올 수 있도록
조심스레 한 자 한 자
이젠 백지를 채워 보리라.

가을비

살다가 문득 그리운 날엔
눈물이 비가 되어
수평선 건너 바다 건너
그대에게 찾아가리

커튼 한 자락 젖히면
하늘이 보이고
창문을 열면
바람이 머물건만

발걸음 나서니
길가에 서 있는 대추나무
내 손 닿는 곳
몇 알 깨물어 보니
아직은 여물지 않은 가을이다
햇빛을 조금 덜 본 탓일지니

바람도 구름도
아직은 때가 아니라고
산봉우리 걸어걸어
또다시 산을 오른다

봄볕 산비탈에 앉아 캐 놨던 쑥
듬뿍 넣어 빚은 송편
솔가지 몇 개 꺾어 깔아 찌으니
쑥 향기 솔향기 어우러져
봄인 듯 가을인 듯한데

뿌연 안개
앞을 가리더니
결국은 비로 내리고
그 님은 내 앞에 가을비로 오시는구나.

나무

옹기종기 모여 사는 가족처럼
하나 되어
둘 되어
서로 손잡고
파란 하늘을 바라보고 있네

늘씬하고 잘 생긴 대들보
작고 휘어져 위태롭게 살아가는
애잔한 솔가지
한평생 살아갈 길
서로 다른데

푸른 잎 나고 꽃피우다가
오색 단풍 물들면
메마른 가지 떨구고
어느새 하얀 지붕 머리에 인다

창문도 여닫기를 무수히
산새 앉고 날짐승 기어올라
뜨거운 태양 비바람 맞으며

오래된 고목나무 등걸에
걸쳐진 낡은 옷처럼
푸른 잎새 돋아날 일 없고

함께한 시간 속에
긴 세월 포옹하며
앙상한 고목 되었네.

노을

노을은 그리움
엄마 찾아 칭얼대는 어린애
따뜻한 가슴 열어 품어 안는다

해질녘 빨갛게 넘어가는
둥그런 해님이다가
어디선가 다가오는 그리움인가

비 그친 노을은 아름답다 못해
시린 마음이던가

빨주노초파남보
삶의 희로애락

흘러가는 구름 속에
나뭇잎 사이사이
무지갯빛 노을 숨어 있구나.

목로주점

건너편 탁자에선
집 나간 며느리 돌아온다는 전어구이
이쪽에선 시골 아낙 같은 투박한
감자전이랑 부추전
여기저기 맛있게 엉켜지는 음식 냄새

찌그러진 양은 종제기에 희뿌연 막걸리
한 잔 두 잔 술잔 기울이며
빈 술병은 하나 둘 셋
오가는 얘기만큼 쌓여 가고

저 술잔 속에는 어떤 얘기들이 담겨 있을까
애설픈 얘길까, 웃음 피는 얘길까
무수한 대화가 오고 가는데
가만히 귀 기울여 엿들어 보네

그것도 잠시
많은 사람 속에 묻혀 버리고
내 얘기도 술잔 속에 빠져 들어가네
술잔 속에 내가 있고 네가 있으니

기쁨 슬픔 많은 고뇌는
삶 속에 녹아들고
나 또한 한 잔 술 마시며
인생살이 살아 보리.

여름

신작로에 불꽃이 피어나고
불볕더위 몇 날 며칠
하늘에는 구름 한 점
산 아래 흐르고
파아란 잎새 사이
바람은 소리 없이 잠들고 있나니

남창에 들려오는 바람은
태풍 뒤에 오는 선물인지
선풍기 나 홀로 돌고 도는구나

팔월의 머리에 앉아
땡볕 불볕 속에 여름은 익어 가고

하늬바람은 소식이 없고
소낙비가 그리워
못내 징검다리 여울목에서
쉬어나 갔으면

생의 뒤안길도
흔들림에 아슬스럽게 건너왔건만
한여름의 고비도 넘어가겠지

옥수수 익어 가는 가을 벌판에
잠자리 두둥실 사랑놀이에 분주하네

노을 속에 바위는 붉게 물들고
구름은 산봉우리 넘나들며
하늘이 파랗게 갈바람 불어오면

잎새 사이 알알이
가을이 영글어 가겠지.

장미

도도히 가시를 한껏 품은 장미
그 자체가 매력이리라
가시가 없으면 금상첨화라 하건만
향기 없는 꽃이 몇이나 될까

내 것 만들려 누구나 덤비면
꺾여지면 그뿐
함부로 만지길 거부한들
어쩔 수 있으랴

장미는 온전히 가시를 품에 감추고
오롯이 사랑하는 이에게
향기를 뿜으며 안길 뿐이다.

여울목 쉼터

이범구
07080328@hanmail.net

시원한 산들바람 맞으며 자전거에 몸을 싣고
전국 산천 누비며 그랜드슬램 달성!

노을

솔향기 그윽하게 젖어드는 뫼동 끝에
청설모 솔방울 굴리며 놀자 하네
솔잎 사이로 떨어지는 낙조
새털같이 부드러운 구름 사이로
수평선 붉게 물들어 가는 노을

올망졸망 떠 있는 조그만 섬
파아란 바다와 어우러진 새털구름
솔잎 사이로 붉게 물들인 노을
아름다운 한 폭의 수채화
밀려드는 파도 소리 벗 삼아
스르르 달콤한 잠 청해 보네

금빛 모래 반짝이는 백사장
밀려드는 파도에 실려 온 해초
촉촉이 젖은 모래 위 수평선으로
차박차박 걸어가며 속삭이는 연인들
저물어 가는 줄 모르고
바닷속으로 빠져드는 인생.

성산 일출봉

종달해변 탁트인 푸른 바다
하늘도 푸르고 바다도 푸르네
정겨운 올레길에서 바라본 웅장한 城山
일출이 영주 十境* 중 으뜸이라 일출봉이라네

일출봉에서 바라본 성산마을
쪽빛 바다와 올망졸망, 알록달록한 지붕
동화책 속 한 장면처럼 앙증맞네
아흔아홉 날카롭고 신비로운 기암이
병풍처럼 애워싼 천연 산성이네

세계의 지질공원 유네스코 자연유산
해저 분출로 생긴 水中 火山體 성산
분화구 뜨거운 상처 治癒해 주려는 듯
시원한 바람에 흔들리는 억새풀….

---

* 제1경 성산일출(城山日出) - 성산의 해돋이
제2경 사봉낙조(沙峯落照) - 사라봉의 저녁 노을
제3경 영구춘화(瀛邱春花) - 영구(속칭 들렁귀)의 봄꽃
제4경 정방하폭(正房夏瀑) - 정방폭포의 여름
제5경 귤림추색(橘林秋色) - 귤림의 가을빛
제6경 녹담만설(鹿潭晩雪) - 백록담의 늦겨울 눈
제7경 영실기암(靈室奇巖) - 영실의 기이한 바위들
제8경 산방굴사(山房窟寺) - 산방산의 굴 절
제9경 산포조어(山浦釣魚) - 산지포구의 고기잡이
제10경 고수목마(古藪牧馬) - 풀밭에 기르는 말

햇빛살에 녹아나는 물빛

봄의 전령사 벚꽃은 눈꽃처럼
한올 바람이 한입 물고 지나면
우수수 떨어진 하이얀 꽃길
눈부시게 빛나는 꽃잎
하얀 나비 춤사위이어라

바람에 흔들리는 그윽한 꽃향기
꽃망울 지워질 듯 피어나는 꽃들
철따라 활짝 핀 꽃
벌, 나비 날아 웃음꽃 보조개 피우면
간지러움에 고개 숙여 웃음꽃 피우네

올망졸망 새끼 오리
봄 소풍 나온 수평선 위 물여행
꽃처럼 피어오르는 구름
나무 잎새 사이로 파아란 하늘
노래 부르며 오리 가족 나들이 떠나네.

장독대

옹광진 뒤안길 모퉁이
따스한 햇살이 웃고 있는
달 항아리 웃음꽃 얼굴
누구의 손맛인가 향기로운 장독대

작은 시루 큰 시루 형제간에
한 아름 안고 사는 장독대
커다란 솥 위에 쌀가루 올려놓고
틈새 쌀풀로 메우시고 잔솔가지
불 질러 놓고 모락모락 김 나면
구수하고 달콤한 시루떡
인자하신 어머님 손맛이 그립다.

나무

파아란 하늘 뭉글뭉글 예쁜 구름
마을 사람 염원 들어주는 守護神
한 뼘 공간에 뿌리내려 긴 세월 자라
커다란 그늘 만들어 더위 식혀 주고
은은한 꽃향기 벌, 나비 날아드네

갖가지 전설담은 우람한 老巨樹*
나뭇잎 무성하면 풍년의 徵兆
가지마다 몽글몽글 포근한 새집
날아드는 새에게 먹이 나눠 주고
온몸 다바쳐 뭍생명 도와주네

커다란 느티나무 맥문동이 자리잡고
바람에 날아온 무명 잡초도 자리잡고
그늘진 곳에 기생하는 버섯도 자리잡네
마음이 넓어 불청객이 자리잡아도
모두다 함께 살자 받아 주네.

* 노거수(老巨樹): 수령이 많고 커다란 나무.

꿈과 희망 불꽃놀이

노을 붉게 물든 하늘엔
하이얀 뭉개구름 백룡이 되어
여의주를 삼키듯 달님을 삼키네
먹이를 구하러 하구로 날아갔던 기러기 떼
잠자리로 찾아 날아들 때

유유히 흐르는 강물 따라
오색찬란한 조명 반짝이며
아름다운 잠실대교 분수 아래로
유람선이 모여들면

펑! 펑! 따다닥~ 따다닥~
하늘을 무대로 쏟아내는 불꽃놀이
은빛, 금빛, 보랏빛 각양각색
화려한 불꽃이 하늘에 수놓으면

시원한 강바람 맞으며
강변을 달리던 자전거 라이너
산책객, 유람선 위의 연인들
모두 한마음 되어 터져 나오는 탄성
깊어 가는 가을 하늘에 희망과 꿈을 그리네.

장마

잠못 이루는 밤 강 건너 불빛
물안개 속에 하늘을 오르고 내리고
소낙비 오가던 날 호랑이 장가가는 날
빗물이 그리워 못내 느긋하던 밤

늘어나는 맹꽁이 개구리 석양에
부모님 생각에 울음 울고 홍수 날까 행여
잠 못 이루며 울음이 밤을 새우나니
노을 지고 석양에 햇살 나면
기지개 펴고 웃는 청개구리 소리
꽥 꽥 꽥 ~~

오늘도 난,
비상을 꿈꾼다

이수현

eunma330@naver.com

높고, 낮음을 파악하는 일
보다, 네가 멈추지 않고
있다는 걸 꼭, 기억하기를

그리움 1

맘마미아 2 음악영화를 보며
볼 빨간 사춘기 소녀처럼
들떠 있는 엄마의 모습을 본다

성악을 전공하신 엄마는
노래를 무척이나 사랑하신다
무대에서 노래하시던 옛 모습이
지금도 눈앞에 아른거린다

몇 해 전 성대를 다쳐
이젠 노래 부르기조차 어려워지신 엄마

붙잡고 싶은 옛일들이
아른아른 눈앞에 머뭇거리다
그리움이 첫눈처럼 소복소복 쌓인다

엄마,
천천히 늙어 가세요.

그리움 2

열 자식 한 부모가 교육시킬 수 있지만
한 부모 열 자식이 책임 못 진다는
옛말처럼

한 달에 한두 번 엄마와의 시간여행이
결코 어려운 일이 아닐 텐데

난,
오늘도 바쁘단 이름의 가면을 쓴다

자식은 그런 건가 보다.

왼손

너는 오른손잡이
두툼하고 굵은 너의 손은
걸을 때마다 나의 왼손을 잡아 주고

행여 돌부리에 걸려
넘어질세라 나의 왼손을 더 꽉 잡아 준다

손을 많이 사용해
작년 겨울엔 퇴행성관절염이란
반갑지 않은 손님이 찾아와

내 왼손은 울퉁불퉁
모양마저도 변해 가는데

너는 오른손잡이
바람 부는 날에도
마음이 춥지 않음은
네가 내 마음 안에 살아가기 때문이다.

비상

어젯밤에도 꿈속에서 걱정했다

성인이 돼서도 가끔씩 꾸는 꿈이 있는데
시험 치르는 꿈
그것도 공부를 하지 않아 걱정하는
……

왜일까
대학을 졸업한 지도 십 수년이 지났는데

닦을 수, 어질 현
내 이름이다

이름처럼 중요한 고비마다
비상하지 못하고 꺾였었다
때로는 환경에 치이고
때로는 건강에 지치고

빼어날 수로 이름을 바꿔 볼까

오늘도 난 비상을 꿈꾼다.

편의점

하루일 끝낸 석양이
슬금슬금 뒷걸음칠 때

벤치 모서리에 한 뼘 남은
햇살만큼이나 어여쁜 너

파란 얼굴에 주홍빛을 띤 너는

때로는 지친 퇴근길 하루의 피로를
맥주 한 캔으로 달래 주기도 하고
바쁘고 주머니 가벼운 사람들의
소박한 한 끼도 채워 주고
향긋한 커피 한잔도 나눌 수 있는

너의 이름은
내가 즐겨 찾는 단골 편의점
땡큐!

시선

상처와 상처가 만나
지옥이 될 수도
천국이 될 수도 있다

내가 바뀌고 나니
세상이 밝게 보이는구나.

걱정 인형

우리 집엔 걱정 인형이
살고 있다

계단을 오르내리다 부딪칠까
계단마다 뽁뽁이로 감싸 놓고

맛난 음식 먹을 때면
어미 새가 새끼에게 모이 주듯
맛있는 부위는 다 내게 주니

걱정 인형 때문에
내가 더 걱정이다.

내가 나를 만나다

최애진

dowlsdowls45@gmail.com

다시 말개진 하늘처럼
환하게 살고 싶다

내 마음의 정원

맨드라미 작은 꽃씨를 들고
어디에 뿌릴까
내 마음에 꽃밭을 만들었어요

어릴 적 외할머니 꽃밭의 봉숭아꽃
미라벨 정원의 등나무꽃
보랏빛 라벤다
꽃향기에 취해 살포시 앉으니
외할머니 웃으시고
모차르트의 음악이 흐른다

휴애리의 수국
월드컵공원의 해바라기
가 버린 그날을 그리며
내 마음에 다시 심는다

심지도 않은 세 잎 토끼풀은
무성하게 자라
행복을 찾으라 하는데

한 줄기 바람에 풀향기 퍼지고
토끼풀잎 사방으로 날아가네.

가을 아침

밤새 촉촉이 내린 비
귀뚜라미가 여기저기 풀숲에
숨어 있나 보다
아기들 단잠 깨울라
풀벌레도 조심조심 울고

뚝뚝
낙숫물 소리
사각사각
경비 아저씨들 비질 소리에
성급히 낙엽 되어 버린 이파리들은
몸을 움츠린다

동녘 하늘이 불그레하니
분꽃 떨어진 자리에
까맣고 동그란 보석이 박혀 있다.

배롱나무

배롱나무 앞에서
친구에게 이야기했다
벗은 몸 같지 않냐고
옛날 대가집에서는 집 안에
심지 않았다고

다음해 봄이 되어도
나무는
잎을 내지 않았다
내가 한 말에 화가 났나
후회가 되고
미안하기도 했다
그리고 잊었는데

어느 날
작은 가지 한 손에 분홍꽃을
매달고 있었다

휴~
살아 있어서 고마워.

꼬리곰탕

칼집이 덜난 꼬리가
동그랗게 자리잡고
냄비에서 끓고 있다

죽은 뒤에도
산산이 부서져
사방으로 흩어진 채
꼬리만 우리 집에 온
소의
눈이 내 눈과 마주쳤다

슬퍼마라
꽃들도 머지않아 시들고
세월 따라 모두 가는 것

꼬리마저 부서져
은하수같이 하얗게 된 국물

소는 내 안에 들어와
내가 되었다.

노을

한낮 높은 곳에 있을 때는
눈부시더니
서산머리에 내려앉아
온화한 빛으로
세상을 물들이고 있네

아침부터 뜨겁던 불덩이
온갖 것 키워 주고
옆으로 비껴앉아
부드러운 눈길로
지켜보고 있네

이제는 나도 온화해질 때
이제는 나도 부드러워질 때

내 주위를 곱게 물들이고
조용히 바라보리라.

공작단풍

오대산 상원사에 가서
멋있는 나무에 마음이 끌려
쳐다보고 또 보고
아들과 사진도 찍고
한참을 놀았다

며칠 뒤
아파트 마당에 나갔다가
어깨를 맞대고 서 있는
세 그루 나무를 보았다
공작단풍이라는
이름표를 달고 있는

어머나!
너
여기에도 있었구나.

입추

아직도 찜통 더위인데
오늘 아침도 매미는
악다구니치며 울어 대는데
가을이라네요

먼발치에 서서 조금씩 오시는 가을
성큼성큼 오세요
오셔서 밖에서 일하시는 분들
땀도 식혀 주시구요
코스모스 구절초 꽃피게
바람 살랑 불어 주세요

꽃 떨어진 자리에 달린
씨앗도 까맣게 익혀 주세요
꽃씨 따서 봉투에 넣어 두고
여행이라도 떠날 거예요.

아무리 바람이 불어도

홍순동
hong624193@gmail.com

아무리 바람이 불어도
반석은 흔들리지 않는 것처럼
어진 사람은 뜻이 굳세어
비방과 칭찬 속에 움직이지 않는다

하늘공원

쓰레기 동산이 꽃피고 향기로우니
하늘공원 되어 만민이 오르고 오르네

전 세계 운동선수들 체육대회
열려 달라고 뛰고 응원하고
태극기 흔들며 세계 공원 되었네

공원마다 갈대꽃 휘날리고
코스모스 휘날리니 보기 좋고
월드컵 세계대회 열리던 날
큰 손 들고 만세 한번 불러 보리
금메달 달고 달려 보거라

하늘 높이 태극기 휘날리며
보리 애국하는 사람 되네 이름은 날려 보리
조국을 사랑하는 마음으로.

기도

고용한 산사에 불빛 아련하네
북한산 자락에 진관사 불빛 비치니
할머니 손자 대학 가게 해 달라고
108배 올리며 가슴 태우는구나

어머니는 성당에서 기도하고
가족들은 마음속으로 불 밝혀 주는데

비상이 걸려 오직 우리 집 장손
합격해 달라 무릎 꿇고 기도하는구나

부처님이시여, 하나님이시여, 신령님이시여
우리 집 장손 대학 가게 해 달라고

오늘도 밤이나 낮이나
소리 없이 비는 마음에 한집안
사람 넘치네.

마음의 자리

한 자리 잡고 살다가 가려 했는데
한 세상 빛처럼 달려가니
오늘도 한날 빛 손바닥 사이로 지나가네

어떻게 마음을 잡을까
화살 같은 세월을 누가 막으리
발걸음은 느린데 마음은 벌써 백수

아, 세월아 쉬었다가
해 넘어가는 줄 나는 못 보겠구나

코스모스 피고 지고
꽃이 쌓이는 한겨울이니
달력이 한 장뿐이라

마음 둘 곳 없이 서글프구나.

워낭 소리

고요한 밤 외양간에 황소 한 마리
한여름 모기 불에 눈 못 뜰제
모기 떼들 달려드니
워낭 소리 춤을 추며 귓가에 울리는구나

어미 소 송아지 감싸고 꼬리치니
밤이나 낮이나 엄마 다리 밑에서
커 가는 모습에 주인 양반 기뻐하고
일 년 농사 곳간에 다 채우니
황소는 기쁜듯이 큰 울음 우는구나

가네 가네 나는 가네

이제 가면 언제 오나 떠나는 상여
앞재비 워낭 울리며 눈물나게 한다.

바다와 불빛

강 건너 등불빛에
수평선 위 돛단배 떠나고
하늘에 별빛은 조명빛 되어
만경창파 힘차게 떠나는 나룻배

불빛에 비치는 물고기 날개
용왕님 반가워 반겨 주는데

수궁의 잔칫날 환영 받고
오늘도 한생살이 물속이라네
바람아 불 밝혀라 불 꺼질까 싶다

하늘의 별빛보다 마음에 빛이 더욱 밝더라
물빛에 소리치는 고기의 원망 소리 들리느냐.

구름에 젖은 반달

바다 깊이 너울대는 조각달
구름 사이 살며시 내미는 잎새달

그림자 어른거려 행여 그 님인가
오늘도 동산에 올라 달을 보누나

미수된 저 늙은이 밤길에
행여 눈썹달에 넘어질까

허리 굽혀 걷고 걸어도
깊은 밤 대문턱에서 씨름하는구나

그믐달 깊은 밤
기러기 날아가며 울 적에
뒤늦게 날아 구름 사이 쉬었다가는
반달은 기러기 날개에 걸려
날 새기를 기다리며 울고 있네.

눈물

한세상 한 많은 눈물
많고도 많은 빗물 같은 낙수
도살장 끌려가는 누렁 황소
새끼 뒤로 두고 눈망을 붉어지는
누가 그 아픔을 막을 수 있을까

백수 맞은 아버님 손등이 늙어
한세월 지내시다 막내 못 봐
눈 감지 못하다가 한밤 새워
애태우며 눈물도 없이 가신 님

헤어진 아픔에 못내 눈물 보이고
애태우다가 담 너머 밤 그늘에 만나
치맛자락 적시며 울적이는 그 마음
첫닭은 울어 대는데 어이할거나
옷고름에 눈물 적시는 그날 밤 못 잊어
한생 살아갈 때 그 눈물
어이할꼬 세상 떠난 아픔을.